The Secret of the Enchanted Tree And Other Bilingual Spanish-English Stories for Kids

Pomme Bilingual

Published by Pomme Bilingual, 2024.

While every precaution has been taken in the preparation of this book, the publisher assumes no responsibility for errors or omissions, or for damages resulting from the use of the information contained herein.

THE SECRET OF THE ENCHANTED TREE AND OTHER BILINGUAL SPANISH-ENGLISH STORIES FOR KIDS

First edition. July 25, 2024.

Copyright © 2024 Pomme Bilingual.

ISBN: 979-8224727698

Written by Pomme Bilingual.

Table of Contents

El Pequeño Zorro y la Estrella Valiente

En un rincón olvidado del bosque, vivía un pequeño zorro llamado Zafi. A Zafi le encantaba explorar, pero había algo que siempre le daba miedo: la oscuridad. Cada noche, se acurrucaba en su madriguera, temblando, deseando que el sol nunca se escondiera.

Una noche, mientras Zafi observaba el cielo estrellado desde su madriguera, vio una estrella que brillaba más que las demás. Esta estrella no solo brillaba con luz, sino que parecía tener un resplandor especial, como si contara una historia propia.

Intrigado, Zafi salió de su madriguera y se sentó en una roca para observar mejor. De repente, escuchó una voz suave y melodiosa. "Hola, pequeño zorro. Soy Stella, la Estrella Valiente."

Zafi miró a su alrededor, sorprendido. "¿Quién eres? ¿Cómo puedes hablar conmigo?"

"Soy una estrella mágica," respondió Stella. "Veo que tienes miedo de la oscuridad, pero también veo un gran coraje en tu corazón."

Zafi se encogió de hombros. "No soy valiente. Siempre tengo miedo cuando el sol se va."

Stella brilló aún más intensamente. "El valor no es la ausencia de miedo, sino la capacidad de seguir adelante a pesar del miedo. Te llevaré a un viaje que cambiará tu percepción."

Con un destello de luz, Stella descendió del cielo y envolvió a Zafi en su brillo. De repente, se encontraron en un lugar diferente, un campo lleno de flores que brillaban bajo la luz de la luna.

"Este lugar es hermoso," dijo Zafi, maravillado.

"Es el Valle de las Noches Brillantes," explicó Stella. "Aquí, la oscuridad revela su belleza. Mira a tu alrededor."

Zafi observó cómo las flores se abrían solo de noche, mostrando colores que nunca había visto durante el día. Mariposas nocturnas revoloteaban, sus alas resplandecientes en la penumbra.

"¿Ves, Zafi? La oscuridad no es algo que debas temer. Es un mundo lleno de maravillas esperando ser descubiertas," dijo Stella.

Zafi comenzó a explorar el valle, cada paso llenándolo de más confianza. Pronto, encontró una pequeña criatura, un ratoncito que también parecía tener miedo.

"Hola," dijo Zafi suavemente. "Soy Zafi. ¿Por qué estás triste?"

"Me llamo Rata," respondió el ratoncito. "Tengo miedo de la oscuridad."

Zafi sonrió. "Yo también tenía miedo. Pero descubrí que la oscuridad puede ser hermosa. Ven conmigo, te mostraré."

Juntos, Zafi y Rata exploraron el Valle de las Noches Brillantes, descubriendo secretos y maravillas. Stella los seguía, iluminando su camino.

Cuando la noche llegó a su fin, Stella llevó a Zafi y a Rata de regreso a sus hogares. "Recuerden, el valor está en el corazón. La oscuridad puede ser hermosa si miras con el corazón abierto."

Zafi se despidió de Stella y entró en su madriguera, sintiéndose diferente. Ahora sabía que el valor no era no tener miedo, sino enfrentarlo y seguir adelante.

Esa noche, Zafi durmió profundamente, soñado con las maravillas del Valle de las Noches Brillantes. Y cada vez que sentía miedo, recordaba a Stella y su brillo valiente.

The Little Fox and the Brave Star

In a forgotten corner of the forest, there lived a little fox named Zafi. Zafi loved to explore, but there was something that always scared him: the dark. Every night, he would curl up in his burrow, trembling, wishing the sun would never set.

One night, as Zafi watched the starry sky from his burrow, he saw a star that shone brighter than the others. This star not only glowed with light but seemed to have a special sparkle, as if it was telling its own story.

Intrigued, Zafi left his burrow and sat on a rock to get a better look. Suddenly, he heard a soft, melodious voice. "Hello, little fox. I am Stella, the Brave Star."

Zafi looked around, surprised. "Who are you? How can you talk to me?"

"I am a magical star," Stella replied. "I see that you are afraid of the dark, but I also see great courage in your heart."

Zafi shrugged. "I'm not brave. I'm always scared when the sun goes down."

Stella shone even more brightly. "Courage is not the absence of fear, but the ability to move forward despite fear. I will take you on a journey that will change your perspective."

With a flash of light, Stella descended from the sky and wrapped Zafi in her glow. Suddenly, they found themselves in a different place, a field full of flowers that glowed under the moonlight.

"This place is beautiful," said Zafi, in awe.

"This is the Valley of Shining Nights," explained Stella. "Here, darkness reveals its beauty. Look around you."

Zafi watched as the flowers opened only at night, showing colors he had never seen during the day. Nocturnal butterflies fluttered about, their wings gleaming in the dim light.

"See, Zafi? The dark is not something to fear. It's a world full of wonders waiting to be discovered," said Stella.

Zafi began to explore the valley, each step filling him with more confidence. Soon, he found a small creature, a little mouse who also seemed to be afraid.

"Hello," Zafi said softly. "I'm Zafi. Why are you sad?"

"My name is Rata," the little mouse replied. "I'm scared of the dark."

Zafi smiled. "I used to be scared too. But I discovered that the dark can be beautiful. Come with me, I'll show you."

Together, Zafi and Rata explored the Valley of Shining Nights, uncovering secrets and wonders. Stella followed them, lighting their way.

When the night came to an end, Stella took Zafi and Rata back to their homes. "Remember, courage is in the heart. The dark can be beautiful if you look with an open heart."

Zafi said goodbye to Stella and entered his burrow, feeling different. Now he knew that courage wasn't about not being afraid but facing fear and moving forward.

That night, Zafi slept deeply, dreaming of the wonders of the Valley of Shining Nights. And whenever he felt afraid, he remembered Stella and her brave glow.

La Aventura del Pequeño Elefante

En el corazón de la sabana africana, vivía un pequeño elefante llamado Nino. Nino era curioso y lleno de energía, siempre buscando aventuras. Sin embargo, a pesar de su entusiasmo, sentía que le faltaba algo. A menudo observaba a otros animales riendo y disfrutando, preguntándose qué era lo que realmente los hacía felices.

Un día, Nino decidió emprender un viaje para descubrir el secreto de la felicidad. Con su trompa levantada en señal de determinación, se despidió de su familia y amigos y comenzó a caminar.

Su primer encuentro fue con una vieja tortuga llamada Tira. Tira estaba disfrutando de un cálido rayo de sol sobre una roca.

"Hola, Tira," saludó Nino. "¿Puedes decirme qué te hace feliz?"

Tira sonrió lentamente y respondió: "Para mí, la felicidad es disfrutar de los pequeños placeres, como el calor del sol sobre mi caparazón. La felicidad se encuentra en apreciar los momentos simples de la vida."

Nino agradeció a Tira y siguió su camino, reflexionando sobre sus palabras. Pronto llegó a un río donde un grupo de monos jugaba alegremente. Uno de los monos, llamado Mono, se acercó a Nino con una gran sonrisa.

"Hola, Mono," dijo Nino. "Estoy buscando el secreto de la felicidad. ¿Puedes decirme qué te hace feliz?"

Mono se rió y respondió: "La felicidad es compartir momentos divertidos con amigos. Nos apoyamos mutuamente y encontramos alegría en nuestras travesuras."

Nino sonrió y agradeció a Mono antes de continuar su viaje. Mientras avanzaba, se encontró con una hermosa mariposa de colores brillantes llamada Mara. Mara revoloteaba de flor en flor, llena de vida.

"Hola, Mara," saludó Nino. "Estoy en una misión para descubrir la felicidad. ¿Qué te hace feliz a ti?"

Mara se posó suavemente sobre la trompa de Nino y respondió: "La felicidad es la libertad de ser quien eres y disfrutar de la belleza que te rodea. Volar entre las flores y sentir el viento bajo mis alas me hace muy feliz."

Nino pensó en las palabras de Mara mientras seguía su camino. Se dio cuenta de que cada animal tenía una perspectiva única sobre la felicidad, pero todos compartían una cosa en común: la felicidad se encontraba en los momentos y las experiencias que apreciaban.

Finalmente, Nino llegó a un lugar mágico, un jardín escondido lleno de flores exóticas y aromas maravillosos. En el centro del jardín, había un viejo árbol sabio llamado Saba.

"Bienvenido, pequeño elefante," dijo Saba con una voz profunda y reconfortante. "He escuchado que estás buscando el secreto de la felicidad."

Nino asintió, lleno de esperanza. "Sí, Saba. He hablado con muchos animales, y cada uno tiene su propia idea de lo que es la felicidad. Pero aún no entiendo completamente."

Saba sonrió y extendió una de sus ramas hacia una flor brillante. "La felicidad no es un único secreto, Nino. Es un viaje personal. Es aprender a disfrutar de cada momento, a valorar las pequeñas cosas, a compartir con los demás, y a ser fiel a uno mismo."

Nino reflexionó sobre las palabras de Saba. Recordó a Tira disfrutando del sol, a Mono riendo con sus amigos y a Mara volando libremente entre las flores. Comprendió que la felicidad estaba en todas esas experiencias.

Con una nueva comprensión en su corazón, Nino agradeció a Saba y regresó a su hogar. En el camino, se dio cuenta de que estaba rodeado de felicidad: en los colores del atardecer, en el canto de los pájaros y en el amor de su familia.

Esa noche, Nino se acurrucó junto a su madre y le contó sobre su viaje. "He descubierto que la felicidad está en todas partes, mamá. Está en los pequeños momentos, en los amigos, en la libertad de ser uno mismo."

Su madre sonrió y lo abrazó. "Sí, Nino. La felicidad está en cada rincón de la vida, solo tenemos que abrir los ojos y el corazón para verla."

Desde ese día, Nino vivió con una nueva perspectiva. Aprendió a disfrutar de cada momento y a encontrar la felicidad en las pequeñas cosas. Y aunque siguió buscando aventuras, ya no sentía que le faltara algo, porque sabía que la verdadera felicidad estaba dentro de él.

The Little Elephant's Adventure

In the heart of the African savannah, there lived a little elephant named Nino. Nino was curious and full of energy, always looking for adventures. However, despite his enthusiasm, he felt that something was missing. He often watched other animals laughing and enjoying themselves, wondering what truly made them happy.

One day, Nino decided to embark on a journey to discover the secret of happiness. With his trunk raised in determination, he bid farewell to his family and friends and began walking.

His first encounter was with an old tortoise named Tira. Tira was enjoying a warm sunbeam on a rock.

"Hello, Tira," greeted Nino. "Can you tell me what makes you happy?"

Tira smiled slowly and replied, "For me, happiness is enjoying the little pleasures, like the warmth of the sun on my shell. Happiness is found in appreciating the simple moments of life."

Nino thanked Tira and continued on his way, pondering her words. Soon he came to a river where a group of monkeys was playing joyfully. One of the monkeys, named Mono, approached Nino with a big smile.

"Hello, Mono," said Nino. "I'm looking for the secret of happiness. Can you tell me what makes you happy?"

Mono laughed and replied, "Happiness is sharing fun moments with friends. We support each other and find joy in our mischief."

Nino smiled and thanked Mono before continuing his journey. As he walked, he met a beautiful, brightly colored butterfly named Mara. Mara flitted from flower to flower, full of life.

"Hello, Mara," greeted Nino. "I'm on a mission to discover happiness. What makes you happy?"

Mara gently landed on Nino's trunk and replied, "Happiness is the freedom to be who you are and enjoy the beauty around you. Flying among the flowers and feeling the wind under my wings makes me very happy."

Nino thought about Mara's words as he continued on his way. He realized that each animal had a unique perspective on happiness, but they all shared one thing in common: happiness was found in the moments and experiences they cherished.

Finally, Nino arrived at a magical place, a hidden garden filled with exotic flowers and wonderful aromas. In the center of the garden stood an old, wise tree named Saba.

"Welcome, little elephant," said Saba in a deep, comforting voice. "I've heard you're searching for the secret of happiness."

Nino nodded, filled with hope. "Yes, Saba. I've talked to many animals, and each one has their own idea of what happiness is. But I still don't completely understand."

Saba smiled and extended one of its branches towards a bright flower. "Happiness is not a single secret, Nino. It's a personal journey. It's learning to enjoy each moment, to value the little things, to share with others, and to be true to yourself."

Nino reflected on Saba's words. He remembered Tira enjoying the sun, Mono laughing with his friends, and Mara flying freely among the flowers. He understood that happiness was in all those experiences.

With a new understanding in his heart, Nino thanked Saba and returned home. Along the way, he realized he was surrounded by happiness: in the colors of the sunset, in the songs of the birds, and in the love of his family.

That night, Nino snuggled up next to his mother and told her about his journey. "I've discovered that happiness is everywhere, Mom. It's in the little moments, in friends, in the freedom to be oneself."

His mother smiled and hugged him. "Yes, Nino. Happiness is in every corner of life, we just have to open our eyes and hearts to see it."

From that day on, Nino lived with a new perspective. He learned to enjoy every moment and to find happiness in the little things. And although he continued to seek adventures, he no longer felt that something was missing, because he knew that true happiness was within him.

El Jardín de Colores

En un rincón mágico del bosque, vivía un pequeño colibrí llamado Tico. Tico era conocido por sus vibrantes plumas y su espíritu incansable. Sin embargo, había algo que siempre le intrigaba: la lluvia. A diferencia de muchos otros animales que se refugiaban durante las tormentas, Tico amaba ver cómo las gotas caían del cielo, creando melodías suaves y refrescando todo a su alrededor.

Una tarde, mientras Tico revoloteaba entre las flores, escuchó a un grupo de animales quejándose. "¡Otra tormenta está en camino! ¡Qué fastidio!" decía una ardilla. "Sí, la lluvia siempre arruina todo," añadió un conejo.

Tico se sintió triste al escuchar esto. No entendía por qué la lluvia, que a él le parecía tan mágica, causaba tanta molestia a otros. Decidido a cambiar la perspectiva de sus amigos, Tico emprendió un viaje para descubrir más sobre la lluvia y sus secretos.

Voló sobre montañas y valles, siguiendo las nubes grises hasta que llegó a un lugar desconocido, un claro en el bosque donde la lluvia caía sin cesar. Allí, se encontró con una rana sabia llamada Rini.

"Hola, pequeño colibrí," saludó Rini con una sonrisa. "¿Qué te trae por aquí en medio de esta lluvia?"

"Hola, Rini," respondió Tico. "Me encanta la lluvia y quiero entender por qué otros animales no ven su belleza. ¿Puedes ayudarme?"

Rini asintió lentamente. "La lluvia es un regalo, Tico. Pero muchos no lo ven así porque se centran en lo que pierden en lugar de lo que ganan. Te llevaré a un lugar especial para mostrarte algo que tal vez pueda ayudarte."

Rini saltó de una hoja a otra, guiando a Tico hasta una cueva oculta detrás de una cascada. En su interior, la cueva brillaba con una luz suave y dorada. En el centro, había un estanque con agua cristalina y alrededor crecían flores de todos los colores que Tico jamás había visto.

"Este es el Jardín de Colores," explicó Rini. "Solo se forma gracias a la lluvia constante que alimenta estas plantas especiales. Sin la lluvia, este lugar no existiría."

Tico miró maravillado. "Es hermoso, Rini. ¿Por qué no podemos mostrar esto a todos los animales para que vean la belleza de la lluvia?"

Rini sonrió. "Porque no todos pueden ver más allá de lo que está frente a sus ojos. Pero tú, Tico, tienes el don de la curiosidad y el corazón abierto. Puedes llevar la esencia de este lugar contigo y compartirla."

Intrigado, Tico preguntó cómo podía hacerlo. Rini le explicó que si se bañaba en el estanque, sus plumas absorberían los colores mágicos del jardín. Cada vez que Tico volara bajo la lluvia, las gotas revelarían esos colores brillantes.

Tico no dudó ni un momento. Se sumergió en el estanque y sintió cómo su cuerpo se llenaba de energía y colores. Sus plumas ahora brillaban más que nunca, reflejando un arcoíris bajo la luz tenue de la cueva.

"Ahora, vuelve a tu hogar y muestra a todos la magia de la lluvia," dijo Rini. "Deja que tus plumas cuenten la historia del Jardín de Colores."

Con gratitud, Tico se despidió de Rini y voló de regreso a su bosque. Cuando llegó, la tormenta ya estaba comenzando. En lugar de buscar refugio, Tico voló entre los árboles, dejando que las gotas de lluvia cayeran sobre sus plumas.

Los animales, sorprendidos, salieron de sus escondites al ver el espectáculo. Cada gota que tocaba a Tico se transformaba en un destello de color, iluminando el bosque con un arcoíris en movimiento.

"¡Miren!" exclamó la ardilla. "¡La lluvia no es tan mala después de todo!"

El conejo asintió maravillado. "¡Es hermosa!"

Tico sonrió mientras seguía volando, feliz de haber compartido la magia que había descubierto. Pronto, todos los animales comenzaron a apreciar la lluvia de una manera nueva, viendo no solo las molestias, sino también la belleza y el regalo que traía consigo.

Desde ese día, cada vez que llovía, los animales del bosque se reunían para ver el espectáculo de colores de Tico. Aprendieron a esperar con ansias las tormentas, sabiendo que traían consigo la promesa de algo hermoso.

Y así, el pequeño colibrí no solo descubrió los secretos de la lluvia, sino que también cambió el corazón de todos en su hogar, recordándoles que a veces, solo necesitamos abrir nuestros ojos y corazones para ver la verdadera belleza del mundo que nos rodea.

The Garden of Colors

In a magical corner of the forest, there lived a little hummingbird named Tico. Tico was known for his vibrant feathers and tireless spirit. However, there was something that always intrigued him: the rain. Unlike many other animals who sought shelter during storms, Tico loved watching the raindrops fall from the sky, creating soft melodies and refreshing everything around him.

One afternoon, while Tico was flitting among the flowers, he heard a group of animals complaining. "Another storm is coming! How annoying!" said a squirrel. "Yes, the rain always ruins everything," added a rabbit.

Tico felt sad hearing this. He didn't understand why rain, which seemed so magical to him, caused so much annoyance to others. Determined to change his friends' perspective, Tico set out on a journey to discover more about rain and its secrets.

He flew over mountains and valleys, following the gray clouds until he reached an unknown place, a clearing in the forest where it rained continuously. There, he met a wise frog named Rini.

"Hello, little hummingbird," greeted Rini with a smile. "What brings you here in the middle of this rain?"

"Hello, Rini," replied Tico. "I love the rain and want to understand why other animals don't see its beauty. Can you help me?"

Rini nodded slowly. "Rain is a gift, Tico. But many don't see it that way because they focus on what they lose instead of what they gain. I will take you to a special place to show you something that might help."

Rini hopped from leaf to leaf, guiding Tico to a hidden cave behind a waterfall. Inside, the cave glowed with a soft, golden light. In the center was a pond with crystal clear water, and around it grew flowers of every color Tico had ever seen.

"This is the Garden of Colors," explained Rini. "It only exists thanks to the constant rain that nourishes these special plants. Without the rain, this place wouldn't exist."

Tico gazed in wonder. "It's beautiful, Rini. Why can't we show this to all the animals so they can see the beauty of the rain?"

Rini smiled. "Because not everyone can see beyond what's in front of their eyes. But you, Tico, have the gift of curiosity and an open heart. You can take the essence of this place with you and share it."

Intrigued, Tico asked how he could do that. Rini explained that if he bathed in the pond, his feathers would absorb the magical colors of the garden. Whenever Tico flew in the rain, the drops would reveal those bright colors.

Tico didn't hesitate for a moment. He plunged into the pond and felt his body fill with energy and colors. His feathers now shone more than ever, reflecting a rainbow under the cave's soft light.

"Now, go back to your home and show everyone the magic of the rain," said Rini. "Let your feathers tell the story of the Garden of Colors."

Grateful, Tico said goodbye to Rini and flew back to his forest. When he arrived, the storm was already beginning. Instead of seeking shelter, Tico flew among the trees, letting the raindrops fall on his feathers.

The animals, surprised, came out of their hiding places to watch the spectacle. Every drop that touched Tico transformed into a flash of color, illuminating the forest with a moving rainbow.

"Look!" exclaimed the squirrel. "The rain isn't so bad after all!"

The rabbit nodded in wonder. "It's beautiful!"

Tico smiled as he kept flying, happy to have shared the magic he had discovered. Soon, all the animals began to appreciate the rain in a new way, seeing not only the annoyances but also the beauty and the gift it brought.

From that day on, whenever it rained, the forest animals gathered to watch Tico's color show. They learned to look forward to the storms, knowing they brought the promise of something beautiful.

And so, the little hummingbird not only discovered the secrets of the rain but also changed the hearts of everyone in his home, reminding them that sometimes we just need to open our eyes and hearts to see the true beauty of the world around us.

La Canción del Bosque

En un rincón sereno del bosque, vivía una pequeña coneja llamada Lara. Lara era conocida por su corazón amable y su amor por la naturaleza. Cada mañana, al despertar, Lara escuchaba los sonidos del bosque: el susurro de los árboles, el canto de los pájaros y el murmullo del arroyo cercano. Estos sonidos siempre la llenaban de paz, pero había algo que la intrigaba: un canto suave y melódico que escuchaba a veces, al caer la noche.

Lara le preguntó a su madre sobre el canto, pero ella no sabía de qué hablaba. Sus amigos, los otros animales del bosque, tampoco habían oído nada similar. Lara decidió que descubriría el origen de esa misteriosa canción.

Una noche, mientras la luna llena iluminaba el bosque, Lara decidió seguir el canto. Sigilosamente, avanzó entre los árboles, guiada por la melodía que parecía acariciar su alma. El camino la llevó hasta el corazón del bosque, un lugar que pocos animales visitaban. Allí, encontró a un anciano búho llamado Horacio, posado en una rama alta, cantando suavemente.

"Hola, pequeño búho," saludó Lara con timidez. "He estado escuchando tu canción y me gustaría saber más sobre ella."

Horacio giró su cabeza y la miró con ojos sabios. "Hola, pequeña coneja. Mi canción es un homenaje al bosque y a todos sus habitantes. Es una forma de mantener vivo el espíritu del bosque, de recordarnos a todos la belleza y la magia que nos rodea."

Lara se sintió conmovida por las palabras de Horacio. "¿Puedo aprender tu canción? Quisiera compartirla con mis amigos y con mi familia."

Horacio asintió con una sonrisa. "Por supuesto, Lara. Pero recuerda, esta canción no solo se canta con la voz, sino con el corazón. Debes sentir cada nota y cada palabra como si formaran parte de ti."

Lara pasó varias noches con Horacio, aprendiendo la melodía y las letras de la canción. Al principio, le resultó difícil, pero con el tiempo y la paciencia de Horacio, comenzó a sentir la canción dentro de sí, como si siempre hubiera sido parte de su ser.

Una noche, cuando se sintió lista, Lara decidió compartir la canción con el resto del bosque. Subió a una colina desde donde se podía ver todo el claro y comenzó a cantar. Al principio, su voz era suave y temblorosa, pero poco a poco, ganó confianza y su canto llenó el aire.

Los animales del bosque, curiosos, salieron de sus madrigueras y nidos para escuchar. La melodía de Lara era hipnotizante, y pronto todos los animales se unieron a ella, formando un coro que resonaba con armonía y amor. La canción hablaba de la unidad, de la belleza del bosque y de la importancia de cuidar y respetar a todos los seres vivos.

Esa noche, bajo la luz de la luna llena, el bosque entero se unió en un canto de celebración y gratitud. Horacio, observando desde su rama, sintió una gran satisfacción al ver cómo su legado se transmitía a través de Lara.

Desde ese día, la canción del bosque se convirtió en una tradición. Cada noche de luna llena, los animales se reunían para cantar juntos, fortaleciendo sus lazos y recordando la importancia de vivir en armonía con la naturaleza.

Lara, con su corazón lleno de alegría, continuó aprendiendo más canciones de Horacio y compartiéndolas con sus amigos. Comprendió que la música tenía el poder de unir y sanar, de traer felicidad y paz.

Y así, el pequeño bosque se convirtió en un lugar aún más mágico, donde la música fluía como el arroyo y el canto de los animales llenaba el aire con una melodía eterna de amor y esperanza.

The Forest's Song

In a serene corner of the forest, there lived a little rabbit named Lara. Lara was known for her kind heart and love for nature. Every morning, upon waking, Lara listened to the sounds of the forest: the whispering trees, the singing birds, and the murmuring nearby stream. These sounds always filled her with peace, but there was something that intrigued her: a soft, melodic song she sometimes heard at nightfall.

Lara asked her mother about the song, but she didn't know what Lara was talking about. Her friends, the other animals of the forest, hadn't heard anything like it either. Lara decided that she would discover the origin of that mysterious song.

One night, as the full moon illuminated the forest, Lara decided to follow the song. Stealthily, she moved through the trees, guided by the melody that seemed to caress her soul. The path led her to the heart of the forest, a place few animals visited. There, she found an old owl named Horace, perched on a high branch, singing softly.

"Hello, little owl," Lara greeted timidly. "I've been hearing your song and would like to know more about it."

Horace turned his head and looked at her with wise eyes. "Hello, little rabbit. My song is a tribute to the forest and all its inhabitants. It's a way to keep the spirit of the forest alive, to remind us all of the beauty and magic that surrounds us."

Lara was moved by Horace's words. "Can I learn your song? I'd like to share it with my friends and family."

Horace nodded with a smile. "Of course, Lara. But remember, this song is not just sung with the voice, but with the heart. You must feel every note and every word as if they were a part of you."

Lara spent several nights with Horace, learning the melody and the lyrics of the song. At first, she found it difficult, but with time and Horace's patience, she began to feel the song within her, as if it had always been a part of her being.

One night, when she felt ready, Lara decided to share the song with the rest of the forest. She climbed a hill from where she could see the entire clearing and began to sing. At first, her voice was soft and shaky, but gradually, she gained confidence, and her song filled the air.

The animals of the forest, curious, came out of their burrows and nests to listen. Lara's melody was mesmerizing, and soon all the animals joined her, forming a chorus that resonated with harmony and love. The song spoke of unity, the beauty of the forest, and the importance of caring for and respecting all living beings.

That night, under the light of the full moon, the entire forest joined in a song of celebration and gratitude. Horace, watching from his branch, felt great satisfaction seeing how his legacy was being carried on through Lara.

From that day on, the forest's song became a tradition. Every full moon night, the animals gathered to sing together, strengthening their bonds and reminding themselves of the importance of living in harmony with nature.

Lara, with her heart full of joy, continued learning more songs from Horace and sharing them with her friends. She understood that music had the power to unite and heal, to bring happiness and peace.

And so, the little forest became an even more magical place, where music flowed like the stream and the animals' songs filled the air with an eternal melody of love and hope.

La Estrella que Habla

En un pequeño pueblo rodeado de montañas, vivía un niño llamado Nico. Nico era curioso y soñador, siempre buscando nuevas aventuras y preguntándose sobre los misterios del universo. Una noche, mientras observaba el cielo estrellado desde su ventana, vio una estrella que brillaba más intensamente que las demás.

"¿Quién eres?" susurró Nico al cielo.

Para su sorpresa, la estrella respondió. "Soy Estela, la estrella que habla. He venido a buscar a alguien valiente y de corazón puro para una misión especial. ¿Te gustaría venir conmigo, Nico?"

Los ojos de Nico se iluminaron de emoción. "¡Sí! ¿Pero cómo llegaré hasta ti?"

Estela brilló aún más, y un rayo de luz descendió del cielo, envolviendo a Nico. En un abrir y cerrar de ojos, Nico se encontró flotando en el espacio junto a Estela.

"Bienvenido al reino de las estrellas," dijo Estela con una voz suave y melodiosa. "Necesito tu ayuda para traer de vuelta la luz a una estrella perdida."

Nico asintió, dispuesto a ayudar. "¿Qué debo hacer?"

Estela le explicó que había una estrella llamada Luminia que había perdido su brillo debido a la tristeza. "Luminia se siente sola y olvidada. Necesita recordar la alegría y la conexión que una vez tuvo con los demás."

Nico y Estela emprendieron su viaje a través del cosmos, navegando entre constelaciones y planetas. Llegaron a un rincón oscuro del universo donde encontraron a Luminia, una estrella que apenas brillaba.

"Hola, Luminia," dijo Nico con ternura. "Soy Nico y he venido a ayudarte. ¿Qué te ha hecho perder tu brillo?"

Luminia suspiró, su luz parpadeando débilmente. "Me siento sola y olvidada. Antes, tenía muchos amigos estelares, pero ahora todos parecen tan distantes."

Nico pensó por un momento y luego sonrió. "Tengo una idea. Vamos a recordarte la alegría de la amistad y la conexión. Cuéntame una historia sobre un momento feliz con tus amigos."

Luminia comenzó a recordar y su voz se llenó de nostalgia. "Había una vez un festival estelar donde todas las estrellas se reunían para compartir sus historias y brillar juntas. Era una noche mágica y todos reíamos y cantábamos."

A medida que Luminia hablaba, su luz comenzaba a aumentar. Nico le sugirió: "Vamos a recrear ese festival aquí y ahora. Invitemos a todas las estrellas cercanas."

Estela lanzó un rayo de luz al cielo, llamando a las estrellas del vecindario. Poco a poco, estrellas de todos los tamaños y colores comenzaron a llegar, llenando el espacio con su resplandor. Se reunieron alrededor de Luminia, compartiendo historias y risas.

Nico también compartió una historia sobre su vida en la Tierra y cómo siempre había soñado con viajar entre las estrellas. Las estrellas escucharon con atención, fascinadas por sus aventuras y sueños.

Luminia, rodeada de amigos, comenzó a brillar más intensamente que nunca. "Gracias, Nico. Me has recordado lo importante que es la conexión y la alegría compartida."

Estela sonrió. "Has hecho un gran trabajo, Nico. Ahora Luminia ha recuperado su luz y su lugar en el cielo."

Nico se sintió lleno de felicidad y orgullo. "Fue un honor ayudar. Pero, ¿cómo regresaré a casa?"

Estela le aseguró que lo llevaría de vuelta. "Pero antes, tengo un regalo para ti. Una estrella pequeña que siempre brillará en tu corazón, recordándote este viaje y la importancia de la amistad."

Nico tomó la pequeña estrella en sus manos, sintiendo su calidez y luz. Estela lo envolvió nuevamente en un rayo de luz y, en un instante, Nico estaba de vuelta en su habitación, con la pequeña estrella aún brillando en su corazón.

Desde ese día, cada vez que miraba al cielo nocturno, Nico recordaba su viaje y la estrella que hablaba. Compartió su historia con sus amigos y familia, enseñándoles la importancia de la amistad y la conexión.

El pequeño pueblo, inspirado por la historia de Nico, comienzó a celebrar un festival nocturno cada año, donde todos se reunían para compartir historias, cantar y recordar que, como las estrellas, todos brillamos más intensamente cuando estamos juntos.

Y así, la historia de Nico y la estrella que habla se convirtió en una leyenda que se transmitió de generación en generación, recordándonos que la verdadera luz viene del amor y la amistad que compartimos con los demás.

The Talking Star

In a small village surrounded by mountains, there lived a boy named Nico. Nico was curious and dreamy, always looking for new adventures and wondering about the mysteries of the universe. One night, while he was watching the starry sky from his window, he saw a star shining more brightly than the others.

"Who are you?" Nico whispered to the sky.

To his surprise, the star responded. "I am Estela, the talking star. I have come to find someone brave and pure of heart for a special mission. Would you like to come with me, Nico?"

Nico's eyes lit up with excitement. "Yes! But how will I get to you?"

Estela shone even brighter, and a beam of light descended from the sky, enveloping Nico. In the blink of an eye, Nico found himself floating in space next to Estela.

"Welcome to the realm of the stars," said Estela in a soft, melodious voice. "I need your help to bring back the light to a lost star."

Nico nodded, eager to help. "What do I have to do?"

Estela explained that there was a star named Luminia that had lost her shine due to sadness. "Luminia feels lonely and forgotten. She needs to remember the joy and connection she once had with others."

Nico and Estela embarked on their journey through the cosmos, navigating among constellations and planets. They arrived at a dark corner of the universe where they found Luminia, a star that barely shone.

"Hello, Luminia," said Nico tenderly. "I'm Nico, and I've come to help you. What made you lose your shine?"

Luminia sighed, her light flickering weakly. "I feel lonely and forgotten. I used to have many stellar friends, but now they all seem so distant."

Nico thought for a moment and then smiled. "I have an idea. Let's remind you of the joy of friendship and connection. Tell me a story about a happy time with your friends."

Luminia began to remember, and her voice filled with nostalgia. "There was once a stellar festival where all the stars gathered to share their stories and shine together. It was a magical night, and we all laughed and sang."

As Luminia spoke, her light began to increase. Nico suggested, "Let's recreate that festival here and now. Let's invite all the nearby stars."

Estela sent a beam of light into the sky, calling the neighborhood stars. Slowly, stars of all sizes and colors began to arrive, filling the space with their glow. They gathered around Luminia, sharing stories and laughter.

Nico also shared a story about his life on Earth and how he had always dreamed of traveling among the stars. The stars listened attentively, fascinated by his adventures and dreams.

Luminia, surrounded by friends, began to shine more brightly than ever. "Thank you, Nico. You've reminded me how important connection and shared joy are."

Estela smiled. "You've done a great job, Nico. Now Luminia has regained her light and her place in the sky."

Nico felt filled with happiness and pride. "It was an honor to help. But how will I get home?"

Estela assured him that she would take him back. "But first, I have a gift for you. A small star that will always shine in your heart, reminding you of this journey and the importance of friendship."

Nico took the small star in his hands, feeling its warmth and light. Estela enveloped him again in a beam of light, and in an instant, Nico was back in his room, with the small star still shining in his heart.

From that day on, whenever he looked at the night sky, Nico remembered his journey and the talking star. He shared his story with his friends and family, teaching them the importance of friendship and connection.

The small village, inspired by Nico's story, began to celebrate a night festival each year, where everyone gathered to share stories, sing, and remember that, like the stars, we all shine more brightly when we are together.

And so, the story of Nico and the talking star became a legend passed down from generation to generation, reminding us that true light comes from the love and friendship we share with others.

El Viaje de Mía

Había una vez una pequeña ardilla llamada Mía que vivía en un frondoso bosque. Mía era una ardilla curiosa y siempre le gustaba explorar nuevos lugares. Sin embargo, a pesar de su espíritu aventurero, Mía se sentía sola. Anhelaba tener amigos con quienes compartir sus descubrimientos.

Una mañana, mientras Mía saltaba de árbol en árbol, encontró un sendero que nunca había visto antes. Su curiosidad la llevó a seguirlo, y pronto se encontró en una parte del bosque completamente nueva. Los árboles eran más altos, las flores más coloridas y el aire estaba lleno de los cantos de aves desconocidas.

Mientras Mía exploraba, escuchó un sonido extraño. Se acercó sigilosamente y encontró a un pequeño búho atrapado en unas ramas espinosas.

"¡Oh, no! Te ayudaré," dijo Mía. Con mucho cuidado, liberó al búho de las ramas.

"Gracias," dijo el búho con una voz suave. "Soy Óscar. Estaba practicando mi vuelo nocturno y me perdí."

"Hola, Óscar. Soy Mía," respondió ella con una sonrisa. "¿Te gustaría acompañarme? Estoy explorando esta parte del bosque."

Óscar asintió agradecido y se unió a Mía en su exploración. Juntos, encontraron un claro lleno de flores brillantes y mariposas revoloteando. Mientras admiraban la belleza del lugar, escucharon un ruido de hojas moviéndose. De entre los arbustos, apareció un pequeño erizo llamado Hugo.

"¡Hola! ¿Quiénes son ustedes?" preguntó Hugo curioso.

"Soy Mía y este es Óscar. Estamos explorando el bosque. ¿Quieres unirte a nosotros?" ofreció Mía.

"¡Claro!" exclamó Hugo, emocionado de tener compañía.

El grupo siguió adelante, y mientras caminaban, escucharon un suave llanto. Siguiendo el sonido, encontraron a una pequeña tortuga llamada Lila, atrapada en un charco de barro.

"¡Ayuda!" gritó Lila. Mía, Óscar y Hugo se acercaron rápidamente. Con mucho esfuerzo, lograron sacar a Lila del charco.

"Gracias," dijo Lila, todavía temblando. "Estaba buscando mi casa y me quedé atrapada."

"No te preocupes, ahora estás con nosotros," dijo Mía con amabilidad. "Podemos ayudarte a encontrar tu hogar."

Con su nuevo grupo de amigos, Mía se sentía más feliz que nunca. Juntos, continuaron su aventura, cada uno contribuyendo con sus habilidades únicas. Óscar con su aguda vista, Hugo con su habilidad para escarbar, y Lila con su conocimiento de los caminos del bosque.

Mientras viajaban, encontraron muchos desafíos: cruzar un río caudaloso, trepar montañas empinadas y atravesar campos de flores altas. Pero cada desafío fue superado gracias a la cooperación y la amistad entre ellos.

Finalmente, llegaron a un hermoso lago donde Lila reconoció su hogar. "¡Aquí es donde vivo!" exclamó con alegría. "Gracias por acompañarme."

"Siempre serás bienvenida con nosotros," dijo Mía. "Nos has enseñado el valor de la amistad y la importancia de ayudarnos unos a otros."

Después de despedirse de Lila, Mía, Óscar y Hugo decidieron continuar explorando juntos. Sabían que, aunque el bosque era grande y lleno de misterios, nunca se sentirían solos mientras estuvieran juntos.

En su camino de regreso, encontraron una cueva llena de piedras preciosas. "¡Miren esto!" exclamó Óscar. "Podemos llevar algunas como recuerdo de nuestra aventura."

Cada uno tomó una piedra que brillaba con los colores del arcoíris, como símbolo de su amistad y de las aventuras compartidas. Esa noche, bajo las estrellas, Mía, Óscar y Hugo se sentaron alrededor de una fogata, contando historias y riendo juntos.

"¿Sabes?" dijo Mía mirando las estrellas. "Esta aventura me ha enseñado algo muy importante."

"¿Qué es eso?" preguntó Hugo.

"Que los mejores descubrimientos no son los lugares que encontramos, sino los amigos que hacemos en el camino," respondió Mía con una sonrisa.

"Estoy de acuerdo," añadió Óscar. "Nuestra amistad hace que cada día sea una nueva aventura."

Y así, Mía y sus amigos siguieron explorando el bosque, siempre dispuestos a ayudar a otros y a hacer nuevos amigos. Porque habían aprendido que la verdadera aventura está en las conexiones que hacemos y en los corazones que tocamos.

El bosque nunca volvió a parecer tan grande o solitario para Mía, porque sabía que con amigos a su lado, cualquier cosa era posible. Y cada noche, mientras se preparaban para dormir, Mía miraba la piedra brillante junto a su cama y sonreía, recordando las aventuras del día y esperando las nuevas que el mañana traería.

Mia's Journey

Once upon a time, there was a little squirrel named Mia who lived in a lush forest. Mia was a curious squirrel who always liked to explore new places. However, despite her adventurous spirit, Mia felt lonely. She longed for friends to share her discoveries with.

One morning, as Mia leapt from tree to tree, she found a path she had never seen before. Her curiosity led her to follow it, and soon she found herself in a completely new part of the forest. The trees were taller, the flowers more colorful, and the air was filled with the songs of unfamiliar birds.

As Mia explored, she heard a strange sound. She approached stealthily and found a small owl trapped in some thorny branches.

"Oh no! I'll help you," Mia said. Carefully, she freed the owl from the branches.

"Thank you," said the owl in a soft voice. "I'm Oscar. I was practicing my night flight and got lost."

"Hello, Oscar. I'm Mia," she replied with a smile. "Would you like to join me? I'm exploring this part of the forest."

Oscar nodded gratefully and joined Mia in her exploration. Together, they found a clearing full of bright flowers and fluttering butterflies. As they admired the beauty of the place, they heard the rustling of leaves. From the bushes appeared a small hedgehog named Hugo.

"Hello! Who are you?" Hugo asked curiously.

"I'm Mia, and this is Oscar. We're exploring the forest. Would you like to join us?" Mia offered.

"Sure!" exclaimed Hugo, excited to have company.

The group moved forward, and as they walked, they heard a soft cry. Following the sound, they found a small turtle named Lila, trapped in a mud puddle.

"Help!" cried Lila. Mia, Oscar, and Hugo quickly approached. With great effort, they managed to pull Lila out of the puddle.

"Thank you," said Lila, still trembling. "I was looking for my home and got stuck."

"Don't worry, you're with us now," Mia said kindly. "We can help you find your home."

With her new group of friends, Mia felt happier than ever. Together, they continued their adventure, each contributing their unique skills. Oscar with his keen eyesight, Hugo with his digging ability, and Lila with her knowledge of the forest paths.

As they traveled, they faced many challenges: crossing a raging river, climbing steep mountains, and navigating fields of tall flowers. But each challenge was overcome thanks to their cooperation and friendship.

Finally, they reached a beautiful lake where Lila recognized her home. "This is where I live!" she exclaimed with joy. "Thank you for accompanying me."

"You will always be welcome with us," Mia said. "You have taught us the value of friendship and the importance of helping each other."

After saying goodbye to Lila, Mia, Oscar, and Hugo decided to continue exploring together. They knew that although the forest was vast and full of mysteries, they would never feel lonely as long as they were together.

On their way back, they found a cave full of precious stones. "Look at this!" Oscar exclaimed. "We can take some as a souvenir of our adventure."

Each took a stone that shone with the colors of the rainbow, as a symbol of their friendship and the adventures they shared. That night, under the stars, Mia, Oscar, and Hugo sat around a campfire, telling stories and laughing together.

"You know?" Mia said, looking at the stars. "This adventure has taught me something very important."

"What's that?" Hugo asked.

"That the best discoveries are not the places we find but the friends we make along the way," Mia replied with a smile.

"I agree," added Oscar. "Our friendship makes every day a new adventure."

And so, Mia and her friends continued to explore the forest, always ready to help others and make new friends. Because they had learned that the true adventure is in the connections we make and the hearts we touch.

The forest never seemed so big or lonely for Mia again, because she knew that with friends by her side, anything was possible. And every night, as they prepared to sleep, Mia looked at the shining stone next to her bed and smiled, remembering the day's adventures and looking forward to the new ones tomorrow would bring.

El Secreto del Árbol Encantado

En un pequeño pueblo rodeado de bosques y montañas, vivía un niño llamado Mateo. Mateo era un niño soñador, siempre con la mirada perdida en el horizonte, imaginando aventuras increíbles y lugares mágicos. A pesar de su amor por la fantasía, Mateo a menudo se sentía solo. Quería encontrar algo especial, algo que llenara su corazón de alegría y asombro.

Un día, mientras exploraba el bosque cerca de su casa, Mateo tropezó con una raíz y cayó. Al levantarse, descubrió algo asombroso: un pequeño portal escondido entre las raíces de un viejo roble. El portal brillaba con una luz dorada y suave. Con el corazón latiendo con fuerza, Mateo decidió entrar.

Al cruzar el portal, Mateo se encontró en un bosque completamente diferente. Los árboles eran enormes y sus hojas brillaban con colores que nunca había visto antes. Los pájaros cantaban melodías que llenaban el aire con una música encantadora. Mientras avanzaba, Mateo vio un árbol en el centro del bosque, mucho más grande y antiguo que los demás. Sus ramas se extendían como si abrazaran el cielo, y su tronco estaba cubierto de grabados antiguos y misteriosos.

Intrigado, Mateo se acercó al árbol y, al tocarlo, sintió una cálida vibración recorrer su cuerpo. De repente, una suave voz habló desde el árbol.

"Bienvenido, Mateo," dijo la voz. "Soy el Árbol Encantado. He estado esperando a alguien como tú."

Mateo, sorprendido pero curioso, respondió, "¿Quién eres y por qué me esperabas?"

"Soy el guardián de los secretos del bosque," explicó el Árbol Encantado. "Dentro de mí, hay historias y conocimientos antiguos que solo pueden ser revelados a aquellos que tienen un corazón puro y valiente. Has demostrado tu valentía al entrar en este lugar, y ahora, te ofreceré un regalo."

Las raíces del árbol se movieron lentamente, revelando una pequeña puerta. Mateo, lleno de emoción, abrió la puerta y encontró un libro antiguo, con una cubierta dorada y letras brillantes.

"Este libro contiene el conocimiento del bosque y de la magia que lo habita," continuó el Árbol. "Pero recuerda, con gran poder viene gran responsabilidad. Usa este conocimiento para proteger y cuidar a los demás."

Mateo tomó el libro con reverencia y, al abrirlo, sintió una oleada de energía mágica. Las páginas estaban llenas de hechizos, historias y secretos del bosque. Decidido a usar su nuevo conocimiento sabiamente, Mateo agradeció al Árbol Encantado y regresó por el portal a su mundo.

Desde ese día, la vida de Mateo cambió por completo. Usó los secretos del libro para ayudar a su comunidad: curó a los enfermos, protegió los cultivos de plagas y enseñó a los demás sobre la importancia de cuidar la naturaleza. Poco a poco, el pequeño pueblo se convirtió en un lugar lleno de alegría y prosperidad.

Mateo se hizo conocido como el Guardián del Bosque, y la gente venía de lugares lejanos para buscar su ayuda y consejo. Pero a pesar de su nueva fama, Mateo nunca olvidó la lección del Árbol Encantado. Siempre actuó con humildad y generosidad, recordando que su verdadero poder no provenía del libro, sino de su corazón.

Un día, mientras Mateo caminaba por el bosque, sintió una presencia familiar. Al voltear, vio al Árbol Encantado, que había cruzado el portal para visitarlo.

"Has hecho un buen trabajo, Mateo," dijo el Árbol con una voz llena de orgullo. "El bosque y el pueblo están en armonía gracias a ti. Pero tu viaje no termina aquí."

Mateo miró al Árbol con curiosidad. "¿Qué debo hacer ahora?"

"El mundo es grande y lleno de maravillas," respondió el Árbol. "Hay otros lugares que necesitan tu ayuda y tu corazón valiente. Lleva contigo el libro y sigue compartiendo su sabiduría. Recuerda, la verdadera magia está en el amor y la compasión que ofreces a los demás."

Con esas palabras, el Árbol Encantado se despidió, regresando a su hogar mágico. Mateo, con el libro bajo el brazo y una nueva determinación en su corazón, se preparó para su próximo viaje.

Así, Mateo se embarcó en una nueva aventura, llevando consigo los secretos del bosque y la sabiduría del Árbol Encantado. Viajó a través de montañas, desiertos y océanos, siempre dispuesto a ayudar a quienes lo necesitaran. En cada lugar que visitaba, dejaba una chispa de magia y esperanza, mostrando a todos que la verdadera grandeza está en el corazón de aquellos que eligen hacer el bien.

Con el tiempo, las historias de Mateo y sus actos de bondad se convirtieron en leyendas, inspirando a generaciones enteras. Los niños crecieron escuchando sus cuentos y aprendieron a valorar la naturaleza, la amistad y la compasión. Y aunque Mateo eventualmente se convirtió en un hombre mayor, su espíritu aventurero y su amor por la magia nunca se desvanecieron.

Una noche, mientras descansaba bajo un cielo estrellado, Mateo abrió el libro dorado por última vez. Las páginas estaban llenas de recuerdos y aprendizajes, pero ahora había algo nuevo: un mensaje del Árbol Encantado.

"Querido Mateo," decía el mensaje, "tu viaje ha sido extraordinario. Has tocado muchas vidas y has hecho del mundo un lugar mejor. Ahora, es tiempo de que encuentres paz y descanses, sabiendo que tu legado vivirá para siempre."

Mateo sonrió, sintiendo una profunda paz en su corazón. Cerró el libro y lo guardó en un lugar seguro, sabiendo que algún día, alguien con un corazón puro y valiente encontraría el libro y continuaría la misión.

Y así, el espíritu del Árbol Encantado y la sabiduría del bosque siguieron vivos, transmitiéndose de generación en generación. La magia de Mateo, el Guardián del Bosque, nunca se desvaneció, porque estaba entrelazada con la bondad y el amor que había sembrado en el mundo.

El pequeño pueblo, floreciente y lleno de vida, nunca olvidó a Mateo. Cada año, en la noche más clara, la gente se reunía alrededor del viejo roble para contar historias de su querido Guardián del Bosque, inspirando a los jóvenes a ser valientes, generosos y a creer en la magia que reside en cada uno de ellos.

Así, el legado de Mateo perduró, no solo en las páginas de un libro antiguo, sino en los corazones de todos aquellos que, guiados por su ejemplo, eligieron hacer del mundo un lugar mejor.

The Secret of the Enchanted Tree

In a small town surrounded by forests and mountains, there lived a boy named Mateo. Mateo was a dreamer, always gazing into the horizon, imagining incredible adventures and magical places. Despite his love for fantasy, Mateo often felt lonely. He wanted to find something special, something that would fill his heart with joy and wonder.

One day, while exploring the forest near his home, Mateo tripped over a root and fell. As he got up, he discovered something amazing: a small portal hidden among the roots of an old oak tree. The portal glowed with a soft golden light. With his heart pounding, Mateo decided to enter.

Upon crossing the portal, Mateo found himself in a completely different forest. The trees were enormous, and their leaves shimmered with colors he had never seen before. Birds sang melodies that filled the air with enchanting music. As he walked, Mateo saw a tree in the center of the forest, much larger and older than the others. Its branches stretched as if embracing the sky, and its trunk was covered with ancient and mysterious carvings.

Intrigued, Mateo approached the tree and, upon touching it, felt a warm vibration course through his body. Suddenly, a gentle voice spoke from the tree.

"Welcome, Mateo," said the voice. "I am the Enchanted Tree. I have been waiting for someone like you."

Mateo, surprised but curious, responded, "Who are you and why were you waiting for me?"

"I am the guardian of the forest's secrets," explained the Enchanted Tree. "Within me are stories and ancient knowledge that can only be revealed to those with a pure and brave heart. You have shown your bravery by entering this place, and now, I will offer you a gift."

The tree's roots slowly moved, revealing a small door. Filled with excitement, Mateo opened the door and found an old book, with a golden cover and shining letters.

"This book contains the knowledge of the forest and the magic that inhabits it," the Tree continued. "But remember, with great power comes great responsibility. Use this knowledge to protect and care for others."

Mateo took the book with reverence, and upon opening it, felt a surge of magical energy. The pages were filled with spells, stories, and secrets of the forest. Determined to use his new knowledge wisely, Mateo thanked the Enchanted Tree and returned through the portal to his world.

From that day on, Mateo's life changed completely. He used the book's secrets to help his community: healing the sick, protecting crops from pests, and teaching others about the importance of caring for nature. Gradually, the small town became a place full of joy and prosperity.

Mateo became known as the Guardian of the Forest, and people came from far and wide to seek his help and advice. Despite his newfound fame, Mateo never forgot the lesson of the Enchanted Tree. He always acted with humility and generosity, remembering that his true power came not from the book, but from his heart.

One day, while Mateo was walking through the forest, he felt a familiar presence. Turning around, he saw the Enchanted Tree, which had crossed the portal to visit him.

"You have done well, Mateo," said the Tree, its voice full of pride. "The forest and the town are in harmony thanks to you. But your journey does not end here."

Mateo looked at the Tree with curiosity. "What should I do now?"

"The world is vast and full of wonders," replied the Tree. "There are other places that need your help and your brave heart. Take the book with you and continue to share its wisdom. Remember, the true magic lies in the love and compassion you offer to others."

With those words, the Enchanted Tree said goodbye, returning to its magical home. Mateo, with the book under his arm and a new determination in his heart, prepared for his next journey.

Thus, Mateo embarked on a new adventure, carrying with him the secrets of the forest and the wisdom of the Enchanted Tree. He traveled across mountains, deserts, and oceans, always ready to help those in need. In every place he visited, he left a spark of magic and hope, showing everyone that true greatness lies in the hearts of those who choose to do good.

Over time, the stories of Mateo and his acts of kindness became legends, inspiring entire generations. Children grew up listening to his tales and learned to value nature, friendship, and compassion. And although Mateo eventually became an older man, his adventurous spirit and love for magic never faded.

One night, while resting under a starry sky, Mateo opened the golden book one last time. The pages were filled with memories and learnings, but now there was something new: a message from the Enchanted Tree.

"Dear Mateo," the message read, "your journey has been extraordinary. You have touched many lives and made the world a better place. Now, it is time for you to find peace and rest, knowing that your legacy will live on forever."

Mateo smiled, feeling a deep peace in his heart. He closed the book and placed it in a safe place, knowing that someday, someone with a pure and brave heart would find the book and continue the mission.

And so, the spirit of the Enchanted Tree and the wisdom of the forest remained alive, passed down from generation to generation. Mateo's magic, the Guardian of the Forest, never faded, for it was intertwined with the kindness and love he had sown in the world.

The small town, flourishing and full of life, never forgot Mateo. Every year, on the clearest night, people gathered around the old oak to tell stories of their beloved Guardian of the Forest, inspiring young people to be brave, generous, and to believe in the magic that resides in each of them.

Thus, Mateo's legacy endured, not only in the pages of an ancient book, but in the hearts of all those who, guided by his example, chose to make the world a better place.

www.ingramcontent.com/pod-product-compliance
Lightning Source LLC
Chambersburg PA
CBHW061638130726
47996CB00003B/1347